JOURNAL

D'UN MOIS DE CAMPAGNE

DU GÉNÉRAL Bᵒⁿ VIAL

(Jacques-Louis-Laurent-Augustin)

A LA GRANDE ARMÉE

WERTINGEN, — NERESHEIN, — ULM.

ANTIBES

J. MARCHAND, LIBRAIRE-ÉDITEUR

5, rue du Puits-Neuf, 5

—

1869

Ω

JOURNAL

D'UN MOIS DE CAMPAGNE

DU GÉNÉRAL Bon VIAL

(Jacques-Louis-Laurent-Augustin)

A LA GRANDE ARMÉE

———

WERTINGEN, — NERESHEIN, — ULM.

ANTIBES

J. MARCHAND, LIBRAIRE-ÉDITEUR

5, rue du Puits-Neuf, 5

——

1869

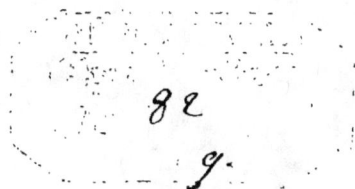

JOURNAL D'UN MOIS DE CAMPAGNE

du général baron VIAL (Jacques-Louis-Laurent-Augustin)

A LA GRANDE ARMÉE

—

WERTINGEN, NERESHEIN, ULM.

Voici des notes quotidiennes que le général baron Vial a laissées sur le commencement de la campagne de 1805. C'est la seule partie de son existence de soldat qu'il ait jamais songé à écrire.

Il avait trente-deux ans. Né à Antibes le 9 août 1774 [1], il n'avait pas cessé d'être à la guerre depuis 1792, année où il était entré au 26ᵉ régiment d'infan-

(1) De Sébastien Vial, procureur de l'amirauté, et de Blanche Rignes.

terie (régiment de Bresse). Les combats étaient presque son élément. Quatre blessures graves reçues en Corse et une à Alexandrie, des services actifs d'état-major en Italie, toutes les campagnes d'Égypte et de Syrie, des faits d'armes nombreux l'avaient familiarisé avec cette vie de dangers et de fatigues, et ceux qui l'ont connu savent combien elle le passionnait. Toutefois il était marié depuis peu, des enfants lui étaient nés, des sentiments nouveaux par suite ; au début de cette campagne de 1805, qui commençait une guerre de dix ans, il éprouvait un peu de la mélancolie qui vient, au milieu de l'âge, nous faire attacher à nous-même quelque prix. Voilà sans doute pourquoi il lui prit l'idée de rédiger chaque soir son mémorial de journée. Ce ne fut qu'un moment.

Le général était alors chef d'escadron au 26e régiment de dragons, autrement dit le 17e régiment de cavalerie. Un bre-

vet du 26 prairial an XI, au bas duquel
se lit la signature hâtée de Bonaparte,
entre celle du ministre de la guerre et
celle de Berthier, lui confirmait ce grade ; il l'occupait depuis le 15 ventôse
an IX, par désignation provisoire à
l'armée d'Egypte, où, aide de camp du
général Lagrange (nommé à ces fonc-
tions le 29 thermidor an VI), il avait,
la veille des Pyramides, accompli une
mission périlleuse en récompense de
laquelle le général Kléber lui-même
lui avait donné un sabre de chef turc,
resté comme trophée.

Après Ulm il fut fait colonel du 26ᵉ
de chasseurs, le 4 avril 1807; baron de
l'Empire le 19 juin 1808, général de brigade le 22 juillet 1813, à la fin de la
campagne d'Espagne, dans laquelle,
comme tous les officiers qui ne surent
pas s'en faire retirer, il passa des années
inutiles pour son avancement. Il est
mort à Antibes le 20 mai 1855, grand-
officier de la Légion-d'Honneur.

Resté en non activité depuis 1815 jusqu'en 1830, où il reçut le commandement des Basses-Alpes, l'âge de la ré-
serve l'avait frappé le 9 août 1836, dans
un grade que les événements politiques
avaient ainsi rendu inférieur à sa car-
rière.

Ce journal de 30 jours présente un
mois de la vie de guerre d'un homme
intelligent, prise sur le fait. Il fait assis-
ter aux marches et aux combats de cavalerie par lesquels Murat seconda les
plans de Napoléon, pour la défaite de
de l'Autriche sous les murs de la ville
d'Ulm. Le chef d'escadron du 26ᵉ de
dragons ne fut pas sans contribuer sen-
siblement au succès de l'affaire de
Wertingen, le 16 vendémiaire, où Murat
culbuta l'élite du corps autrichien
(douze bataillons de grenadiers du Tyrol
et quatre escadrons de cuirassiers d'Al-
bert) et aux autres actions de ces vigou-
reuses manœuvres. Néanmoins, il note
avec une grande simplicité sa partici-

pation à ces faits, dont plusieures furent presque des batailles, tant il y fallut de vigueur et tant les résultats en devinrent importants.

Le général Vial, du reste, fut toujours brillant dans ces coups de cavalerie, qui, en son temps, préparaient ou décidaient les grandes affaires. Ses états de service relatent notamment qu'à Liebstadt, le 15 février 1807, sous les yeux de Ney, il chargea, avec 350 dragons, une colonne prussienne forte de plus de 4,000 hommes, et fit 1,500 prisonniers, parmi lesquels plusieurs colonels ou majors; ramena deux pièces de canon, un drapeau et beaucoup de bagages. Colonel, à Bilbao, il enleva, à la tête d'une compagnie de ses chasseurs, l'artillerie qui battait la route, et ouvrit ainsi l'entrée de la ville; à Médélin, il fit face à presque toute la cavalerie espagnole, de manière à ce qu'une partie du succès de la journée lui fût attribuée dans le Bulletin de l'armée. Néanmoins,

il avait la plus grande modestie de ses
actes; il en parlait peu. Ces hommes
élevés par la République étaient bien
trempés et ne faisaient guère parade
de leur dévouement. La veille de
Wagram, La Salle, qui y fut tué, écri-
vait au général Vial, avec qu'il était très
lié et qu'il avait eu le regret de laisser, à
Madrid, la jambe cassée par le plus vul-
gaire des accidents, une lettre toute
d'amitié et de choses courantes, où les
préoccupations de la bataille ne se ma-
nisfestent que par ceci, rejeté à la
fin, en *post-scriptum* : « Demain grand
bal sur les bords du Danube. »

Le récit le plus détaillé, dans les pages que l'on va lire, est celui de la
charge de Neresheim (25 vendémiaire).
Il rappellera à des contemporains du
général, qui lui survivent et qui l'avaient
vu de près [1], cette autre charge qu'il

(1) Le colonel de Parron, qu'il avait pour aide de
camp à Waterloo, est un de ces derniers survivants
dont le beau climat de ce pays a prolongé l'existence, au sincère contentement de ses amis.

commanda plus tard, la dernière, la charge suprême de Waterloo, où, prenant le commandement de la division du général Delort, qui venait d'être blessé, et ayant déjà perdu plusieurs chevaux, il précipita ses cuirassiers sur les carrés anglais, en leur criant, la rage au cœur : « Souvenez-vous que vous avez des poitrines d'acier et que vous devez avoir des cœurs d'airain ! »

Lé Ponteil, villa Maizière.   Novembre 1869.

JOURNAL

Le 1er vendémiaire an XIV (22 septembre 1805), la 1re division de dragons, composée des 1er, 2e, 4e, 14e, 20e, 26e régiments, s'est assemblée dans la vaste prairie dite *le Marais*, en avant de Roshein, et y a été passée en revue par S. A. I. le prince Murat. La tenue des troupes, les différentes manœuvres qui y ont été exécutées, l'ensemble qu'on y remarquait offraient un coup d'œil superbe. Les différents régiments se sont retirés dans leurs cantonnements, le 26e régiment à Roshein. Un dîner était préparé chez le général de division Klein, qui commande la division. Tous les officiers supérieurs des corps y ont été invités. Les 1er, 2e et 20e régiments forment la 1re brigade, commandée par le général Fénérolles, et les 4e, 14e et 26e, la 2e, commandée par le général Lassalle.

Le 2, le sous-inspecteur de la division est venu passer la revue du régiment à Roshein.

Le 3, le régiment est parti de Roshein à huit heures du matin, et nous nous sommes réunis à la division, qui, en arrivant près des murs de Strasbourg, s'est mise en bataille.

J'éprouvai à la fois un grand plaisir et une peine inexprimable : j'allais jouir du bonheur d'embrasser une épouse et des enfants chéris, et il fallait tout aussitôt m'en éloigner. Ce moment a été tout aussi cruel pour moi que celui de la première séparation, lorsque le régiment s'est mis en marche pour Schelestat, d'où nous partîmes pour venir à Roshein. J'étais resté près de deux heures au sein de ma famille. Il fallut partir. Regrets, peines, douleurs, mon cœur éprouva tous les serrements. Nous nous dîmes adieu, je montai à cheval.

Les divisions de dragons ont passé le Rhin à Kelh, à trois heures après midi. Le pain fut distribué aux troupes pour quatre jours, la viande pour deux. On a fait cuire pour quatre jours de biscuit. On a également distribué 50 cartouches par homme. Le quartier général de la division s'est établi à Offenburg; le régiment a été cantonné à Bolnsback, Griesen et Windsellag.

Le 4, une brigade de dragons non montés
s'est établie à Windsellag; l'ordre a été donné
de garder ce lieu militairement, l'ennemi occu-
pant les gorges de la forêt Noire. Les hommes
à pied du régiment ont reçu ordre de se rendre
à Gengenback, pour être à la disposition du
colonel du 1er régiment de dragons. Ordre à
tous les régiments de monter à cheval une
heure avant la pointe du jour.

Le 5, une avant-garde autrichienne s'est
approchée pour s'emparer de Biberach, qu'un
détachement de nos troupes occupait. L'officier autrichien commandant ces troupes,
n'ayant pas reçu ordre de nous attaquer, s'est
retiré. Il a été mis à l'ordre de l'armée de
faire des politesses aux postes ou patrouilles
autrichiennes que l'on rencontrerait et de per-
suader aux habitants des villages que nous
n'étions venus dans le pays que parce que
l'on nous avait assuré que l'armée autrichienne marchait sur Strasbourg. Ordre de
réclamer nos hommes de la compagnie d'élite
faisant partie des détachements de dragons
non montés à Gengenback.

Le 6, le régiment étant à cheval en avant
de Griesen, ainsi que le portait l'ordre du 4.

dut se porter en avant d'Offenburg, dans une petite plaine qui se trouve au sortir de la gorge qui conduit à Biberach. On y remarque une pyramide qui a été érigée en mémoire d'un colonel de hussards autrichiens, tué dans le même endroit lors de la guerre des années VIII et IX. Quelques troupes se sont dirigées par Biberach, où était déjà le 1er régiment de dragons et les 300 hommes à pied appartenant au régiment. Le prince a visité les postes de l'armée et s'est rendu à son quartier général, à Korig. Le régiment est rentré le soir dans ses cantonnements.

Le 7, pendant la nuit, le régiment a reçu l'ordre de se rendre à trois heures et demie en avant d'Offenburg, sur le même terrain qu'il avait occupé la veille. Arrivé aux portes de ville, ordre de se rendre à la hauteur de Bolsnbach, sur la route de Rastadt, où la division s'est réunie et s'est dirigée sur Bulh. Le régiment a été cantonné à Wimpeck. Nous étions harassés de fatigue. Nous sommes arrivés à neuf heures du soir au cantonnement, et nous étions à cheval depuis trois heures du matin.

Le 8, l'ordre nous est arrivé, à dix heures

du matin, pour nous rendre à Simpshein,
lieu de rassemblement de la division. Elle
s'est dirigée sur Rastadt, où elle a logé pêle-
mêle. Les équipages de l'armée, les parcs, les
troupes, infanterie et cavalerie, arrivaient
par torrents dans cette ville. Aussi manquait-
on de tout. Les habitants se renfermaient
dans leurs maisons, de manière que l'on n'a
pu trouver aucune ressource. La colonne de
grenadiers, commandée par le maréchal
Lannes, est partie de Rastadt le 7. On y atten-
dait S. M. l'empereur. Une partie de la garde
y était déjà. La ville de Rastadt est très
bien percée, et les maisons assez régulières.
L'électeur y a un palais d'une forme assez
belle et même majestueuse, dominant sur la
ville. L'on y voit un parc d'une étendue assez
considérable, bien divisé en avenues ombra-
gées par des maronniers superbes. Mais l'un
et l'autre paraissent bien négligés.

Le 9, la division s'est réunie à une lieue en
avant de Rastadt. Nous avons trouvé là un
parc nombreux d'artillerie et une quantité de
pontons pour le passage des rivières. La journée a été longue. Nous avons marché sur
Fortshein. Le régiment a été cantonné à
Wurm, petit village situé au fond d'un bassin

très resserré, entouré de montagnes presque
inaccessibles et hérissées de sapins dont l'as-
pect seul rend le séjour effrayant. Il nous
semblait presque impossible que nous eus-
sions pu arriver jusque-là. La vue de ces lieux
sombres ajoutait encore à la mélancolie que
me faisait éprouver une fièvre lente, qui ne
me quittait pas depuis trois jours, ce qui me
donnait beaucoup d'humeur et d'impatience.

Le 10, le régiment s'est dirigé sur Weissal,
en passant par Wurmberg-Mensen, où la division s'est réunie. Il a été cantonné à Hof-
fingen et Gebertzhein, où nous avons été logés chez un ministre luthérien dont l'épouse,
assez bien encore, m'a donné des soins pendant les agitations que me faisait éprouver
une fièvre des plus fortes. L'on voit à deux
lieues de là, sur la droite de la route et sur
une montagne, un très grand château, que
les habitants appellent *Solitude*.

Le 11, toute la division s'est dirigée sur
Stuttgard, qui fourmillait de troupes de toutes
armes. Toute la longue avenue qui conduit à
la ville, et par laquelle les troupes devaient
passer, était bordée de peupliers, que l'on
avait coupés pour la parer, comme elle l'était

également de plusieurs arcs de triomphe,
hommages rendus à la grande armée. Toutes
les troupes ont traversé la ville. Elle est jolie
et assez bien bâtie. Le régiment a été cantonné à Vausen. Tous les officiers étaient
logés dans un vieux château presque aban-
donné, appartenant au prince de Baden. Nous
avons passé à Esslingen, ville armée et dont
les murs sont baignés par le Necker. S. A. I.
le prince Murat a couché à Plokingen. L'on
remarque dans cette ville un très joli pont
d'une seule arche et couvert.

Le 12, le régiment est parti de Vausen.
La division s'est dirigée sur Digelsberg. Le
régiment a été cantonné avec le 14e, à Bo-
menkircke, ainsi que l'état-major de la division. La proclamation de Sa Majesté à l'armée
nous est parvenue :

« Soldats !

« La guerre de la troisième coalition est
commencée. L'armée autrichienne a passé
l'Inn , violé les traités, attaqué et chassé de
sa capitale notre allié... Vous-mêmes avez dû
accourir à marches forcées à la défense de
nos frontières. Mais déjà vous avez passé le
Rhin ; nous ne nous arrêterons plus que nous

n'ayions assuré l'indépendance du corps germanique, secouru nos alliés et confondu l'orgueil des injustes agresseurs. Nous ne ferons plus de paix sans garantie; votre générosité ne trompera plus notre politique.

« Soldats! votre empereur est au milieu de vous. Vous n'êtes que l'avant-garde du grand peuple. S'il est nécessaire, il se lèvera tout entier à ma voix, pour confondre et dissoudre cette nouvelle ligue qu'ont tissée la haine et l'or de l'Angleterre.

« Mais, soldats, nous aurons des marches forcées à faire, des fatigues et des privations de toute espèce à endurer. Quelques obstacles qu'on nous oppose, nous les vaincrons, et nous ne prendrons de repos que nous n'ayions planté nos aigles sur le territoire de nos ennemis. »

Le 13, la division s'est réunie à Steinheim et a passé par Haldenheim, jolie petite ville. Elle s'est dirigée sur Natta et environs, où, pour la première fois, elle a bivouaqué. Le quartier général de la division a couché à Nereshein. Le régiment et l'artillerie de la division ont eu leur emplacement à Natta. Les habitants de ce village sont les seuls, jusques aujourd'hui, qui aient montré quelques craintes sur notre arrivée. Ils ont mis tous leurs bestiaux dans les bois. Le régiment a monté à cheval à quatre heures et est rentré au bivouac à six heures et demie. Nos patrouilles ont communiqué avec celles du 10e régiment de chasseurs à cheval, qui était campé sur notre droite.

Le 14, S. A. I. le prince Murat est arrivé à Natta à huit heures du matin. Il a été étonné et même fâché de nous retrouver encore là. Il nous a donné l'ordre de nous diriger sur Nereshein, où devait se réunir la division. Il y a, au-dessus de la montagne au pied de laquelle se trouve le village, une belle abbaye. La division s'est mise en marche et a débouché à quatre heures du soir dans la pleine de Nordlingen. Nous avons battu la pleine en cotoyant les montagnes. Plusieurs colonnes ont débouché en même temps que nous dans la plaine. Le régiment et l'artillerie de la division ont bivouaqué à Hatheim.

La princesse de Walersthein, veuve assez bien encore, quoiqu'ayant eu beaucoup d'enfants et agée de trente-sept ans, y a un château. Elle envoya aux officiers supérieurs du régiment un colonel, pour nous inviter à aller souper chez elle. Nous y fûmes très-bien reçus. La princesse, élevée en France, n'a rien de ce caractère froid, maussade même, que l'on trouve chez les Allemands. Elle parle toujours français ; aussi est-elle peu familière avec la langue allemande. Elle avait pour sa société une très jolie et jeune veuve, la princesse de Schustemberg, sa cousine, d'une amabilité et d'une gaieté charmantes et rares. Sa dame d'honneur, la comtesse Strazzaldo, est très aimable, mais point jolie et sans tournure. Nous avons appris chez la princesse que S. M. l'empereur était arrivé à Nordlingen.

Le 15, le régiment est monté à cheval à cinq heures, pour se diriger sur Mauren, où la division s'est réunie ; elle est arrivée à Donawert à dix heures du matin. L'ennemi avait coupé le pont sur le Danube ; on a travaillé toute la journée pour le rétablir. Les troupes de toutes armes arrivaient de tous les points pour se réunir sous les murs de la ville et y ont bivouaqué. L'empereur a passé la division en revue à huit heures.

Le 16, la division a passé le Danube et s'est dirigée sur Rain. Mais, après avoir fait une lieue, nous avons reçu l'ordre de marcher sur Wertingen. A une demi-lieue du village nous

avons trouvé en bataille la division de cuirassiers et les deux régiments de carabiniers,
ainsi que la 2ᵉ division de dragons. La cavalerie ennemie était en position sur les hauteurs, au-dessus et derrière le village, que
l'infanterie occupait. La fusillade s'est fait
entendre à mesure que nous approchions.
Quelques dragons du 2ᵉ régiment ont mis
pied à terre, et, soutenus par des dragons à
cheval, ont attaqué l'ennemi dans le village,
l'ont débusqué et forcé à la retraite. Il s'est
retiré sur les hauteurs et dans les bois, d'où
il faisait un feu très vif d'artillerie et de mous-
queterie. Nous n'avions que de la cavalerie,
mais nous avons étonné l'ennemi par les
charges que nous avons faites sur lui, à plusieurs reprises, jusque dans le bois. Un ba-
taillon d'infanterie légère arriva, attaqua l'ennemi, le débusqua en joignant au bruit du
feu qu'il faisait les cris de *Vive l'empereur !*
qui se sont fait entendre dans tous les rangs
des troupes qui ont pris part à cette affaire.

Nous avons, par des manœuvres lestes, dans
des chemins rapides, marécageux, coupés de
fossés, inquiété l'ennemi. Il nous retrouvait
partout où il se présentait. Après un combat
de deux heures, nous lui avons fait quatre
mille prisonniers et un grand nombre de tués

et de blessés. Nous avons chanté victoire,
bien satisfaits de voir une campagne commencer sous d'aussi heureux auspices. Le régiment est allé coucher à Sondheim. Dans la
nuit, la vedette de la grand'garde fait feu, le
poste monte à cheval, se porte en avant.
M. Vuillemais, à la tête de quelques hommes,
fait quatre-vingts prisonniers et leur prend
un drapeau. C'étaient des hommes égarés qui
avaient échappé à l'affaire.

Le 17, la division réunie s'est dirigée sur
Semirhausen. Le temps était affreux. L'empereur nous a passés en revue et la 2e brigade
a été bivouaquer à Volpack. A huit heures du
soir, le régiment eut ordre de se porter sur la
route d'Ulm, où nous avons trouvé le 9e régiment de hussards. L'empereur était près d'un
feu de grand'garde. Le prince, qui était en
avant, nous donna l'ordre de rentrer dans
notre bivouac; il était alors minuit. Depuis
midi jusqu'à la nuit, nous avons entendu une
canonade très vive et très suivie. On a pré-
sumé, par la direction du bruit, quelle venait
du corps d'armée commandé par le maréchal
Ney.

Le 18, le régiment a reçu l'ordre de faire

l'avant-garde de la brigade commandée par le
général Mortier, qui s'est dirigée sur Burgau.
Le régiment a été cantonné à Obergerin. Le
temps a été très froid et pluvieux.

Le 19, le prince, passant près de notre
village (que tous les habitants avaient aban-
donné, et qui, par conséquent, ne nous a
offert aucune ressource), nous donna l'ordre
de nous joindre à la brigade du général Mortier. Nous avons marché dans cet ordre de
colonne jusqu'à Ichenausen, où le régiment a
été cantonné. Le 9ᵉ régiment de hussards
occupait le village de Valdstetten. La neige a
augmenté le mauvais temps.

Le 20, le régiment, formant encore l'avant-
garde de la même brigade, est arrivé à Vei-
senhoren et a été cantonné d'abord au village
de Graffenoffen, et, par un nouvel ordre, est
parti pour Bubenhausen, où nous sommes
arrivé à 9 heures du soir. Nous nous sommes
logés pêle-mêle avec le 4ᵉ régiment.

Le 21, nous sommes partis avec le 4ᵉ, qui a
été cantonné à Buck et le régiment à Unt-
Rodt. 600 chevaux ennemis et quantité d'é-
quipages qu'ils escortaient avaient passé sur

la route et se dirigeaient sur Memmingen, où se trouve un corps d'armée. Le régiment formait avant-poste et très près de l'ennemi. Nous avons appris qu'un poste du 11ᵉ régiment de chasseurs à cheval s'était laissé surprendre et avait été égorgé. Nous avons eu des patrouilles volantes toute la nuit autour du village, et nos postes ont également été sur pied, crainte de surprise.

Le 22, le 2ᵉ escadron est monté à cheval à 4 heures, pendant que des patrouilles s'étaient postées en avant de la route de Memmingen. Il est résulté des reconnaissances faites que l'on a appris que 600 chevaux ennemis avaient passé la nuit dans la forêt de Bubenhausen. Un détachement du 11ᵉ régiment de chasseurs à cheval annonce que le maréchal Soult marchait sur Memmingen. Dans la nuit, une ordonnance, envoyée par le général Mouton, portait une lettre pour S. M. l'empereur. Nous sommes passés par Veisenhorn et nous nous sommes dirigés sur Ulm. Les troupes y arrivaient de toute part. La division a manœuvré, traversé dans tous les sens les marais qui entourent cette ville, et s'est mise en bataille près de l'infanterie, qui déjà avait chassé l'ennemi des petits villages environnants et

lui avait fait grand nombre de prisonniers.
Les troupes françaises étaient déjà sur les
deux rives et commençaient à serrer l'ennemi
sur la ville. La canonade était vive, la fusillade
se faisait entendre sur tous les points ; mais
la nuit, qui arriva aussitôt, mit fin à tout.
Toutes les troupes ont bivouaqué. Le 1er escadron du régiment seul a couché à Burlesin-
gen, petit village à trois quarts de lieue d'Ulm.
L'empereur était à portée de voir toute son
armée.

Le 23, la division a monté à cheval à 4 heures du matin et s'est dirigée sur Elchingen,
où nous avons passé le Danube sur un très
mauvais pont que l'ennemi avait coupé. Nous
avons trouvé la route, à plus d'une demi-
lieue, jonchée de cadavres autrichiens, qui
avaient été tués le 22 par la division du général Dupont, pour le passage du fleuve. Le
nombre était considérable et dégoûtant. Le
passage offrait un obstacle, les troupes
passaient lentement ; il nous fut impossible de joindre la division. Nous marchions
dans la nuit, lorsqu'un escadron du 14e, qui
était séparé de son régiment et qui marchait
en tête, ayant passé le village de Gottingen,
où était la division du général Oudinot, re-

brousse chemin au galop, se met en déroute, culbute notre colonne et communique le mouvement rétrograde à tout notre régiment. Nons avons bivouaqué à Gottingen, bien fâchés d'un pareil événement, toujours fort désagréable.

Le 24, partis de Gottingen, nous avons rejoint la division à Albeck. A 11 heures, les troupes d'infanterie, de cavalerie, d'artillerie, qui s'y trouvaient réunies, ont été disposées, par ordre du prince, pour attaquer les colonnes ennemies qui s'avançaient dans la plaine. Nos troupes se sont mises en marche pour livrer bataille. L'ennemi a commencé sa retraite, notre cavalerie s'est aussitôt mise à ses trousses. La charge a sonné partout, et a été si terrible que l'ennemi a été mis en déroute complète et poursuivi l'épée aux reins pendant plus de deux lieues. Nous avons fait un nombre considérable de prisonniers. Beaucoup ont été blessés. Ils ont eu également un grand nombre de morts. La cavalerie, et surtout les régiments de dragons de la 1re division, ont seuls pris part à l'affaire et s'y sont couverts de gloire. L'infanterie n'a pu donner. Nous avons couché avec la brigade à Bolheim.

Le 25, nous sommes passés à Haldeneim, pour nous diriger de nouveau sur Nereshein, route que nous avions déjà tenue le 13. Arrivés sur la hauteur qui domine la ville, et à la faveur du bois, nous nous sommes formés en première et seconde lignes. L'ennemi venait de se montrer et de gagner sur Nereshein. Nous nous sommes mis en marche pour l'attaquer. A l'approche du village, une batterie de trois pièces de canon a fait feu. Nous avons riposté avec les nôtres. Plusieurs escadrons ennemis étaient en bataille et 2,000 hommes d'infanterie étaient pour les soutenir : la division était seule.

Il me fut donné ordre de commencer l'attaque avec un escadron. Je me portai en avant et je détachai un peloton en tirailleurs ; le feu s'engagea de part et d'autre. Un peloton, que j'envoyai pour soutenir les tirailleurs, chargea à plusieurs reprises. Ces différentes escarmouches durèrent près d'une heure. Il était tard. Le général de division Klein, avec la 1re brigade, avait beaucoup appuyé sur ma gauche pour les prendre de flanc, tandis que le général La Salle, avec les 4e et 14e dragons, se dirigeait à ma droite, où se trouvait la batterie ennemie. Je serrai toujours davantage l'ennemi sur le bois, sans qu'il pût m'inquiéter

sur ma droite ni ma gauche. Je le vis ébranlé,
je profitai du moment. Je commençai ma
charge avec force, je le culbutai ; je le mis en
déroute et le poursuivis pendant plus d'une
demi-heure. Le colonel, avec un escadron,
marchait à quelques pas de moi pour me soutenir. Nous fîmes beaucoup de prisonniers.
L'ennemi eut également beaucoup de morts.
Nous ne perdîmes qu'un hommes et 27 blessés. Le but de ma charge fut entièrement rem-
pli ; car le général Klein, qui se trouvait sur
ma gauche, reçut l'ennemi en déroute et lui
prit un escadron de hussards palatins et deux
bataillons d'infanterie. En arrivant à Weile-
merkling, village où la brigade a couché,
nous avons trouvé 250 fuyards autrichiens qui
s'y étaient réfugiés et que nous avons pris
dans les différentes maisons où ils avaient été
logés ; deux officiers étaient du nombre.

Le 26, au moment de notre départ, nous
avons envoyé au quartier-général à Neresheim
600 prisonniers, pris dans les bois et sur les
routes, la plupart, tous armés et ne sachant où
aller. La division s'est groupée sous les murs
de Nordling, où beaucoup de carabiniers et
beaucoup d'infanterie se sont aussi réunis.
Nous avons vu des convois très nombreux de

prisonniers, au nombre desquels étaient beaucoup d'officiers de marque et deux généraux.
Le prince nous a annoncé la prise d'Ulm avec
24,000 hommes. Nous avons passé par Wal-
lestein, assez jolie petite ville, qui tire son
nom du rocher très élevé qui l'avoisine ; car
ce mot allemand signifie *rocher de la vallée*.
L'infanterie, la cavalerie, l'artillerie ont pris
position en avant de la ville et y sont restées
jusqu'à trois heures de l'après-midi. L'on s'est
battu sur notre gauche. Nous apercevions
même le feu du canon. Les carabiniers et la
division se sont portés sur une hauteur, à une
demi-lieue en avant de la ville, et y sont restés
jusqu'au soir ; puis nous avons pris nos cantonnements. Le régiment a été placé à Vessin-
gen, chez le curé. Toute l'infanterie du corps
d'armée, que nous avons poursuivi, s'est ren-
due prisonnière de guerre, se voyant privée de
toute retraite.

Le 27, nous reçûmes l'ordre de départ à trois
heures et demie, pour nous rendre à Munsin-
gen, où se trouvait le quartier-général de la
division. Nous avons vu l'ennemi et avons été
toute la journée à ses trousses. Le prince était
très indisposé contre les fuyards qui étaient
devant nous, parce que, compris dans la capi-

tulation, comme l'infanterie qui avaient mis
bas les armes, ils devaient aussi être prisonniers, et qu'ils avaient profité de la nuit pour
s'évader. Nous sommes passés à Paffingen,
poursuivant toujours l'ennemi. Arrivés à
Cundershein, ville prussienne, nous avons
fait mettre bas les armes à une compagnie de grenadiers hongrois. Le prince signi-
fia à l'ennemi, qui était à une lieue en avant
de nos troupes, de s'en éloigner de trois lieues,
ce qui fut exécuté. Le régiment et le 4ᵉ ont
été cantonné à Greiffestenberg, où nous sommes arrivés neuf heures du soir. Nous étions,
ainsi que nos chevaux, harassés de fatigue.
Nous avions été toute la journée à cheval et
nous avions fait la route toujours au grand
trot.

Le 28, les carabiniers ont fait l'avant-garde
de la division du général Dupont. L'ennemi
avait marché toute la nuit. A 8 heures du matin, nous nous trouvions encore sur ses talons.
Nous nous sommes dirigés sur Nuremberg,
ville assez grande et très peuplée. Les troupes
ont passé près des murs et des portes de la ville,
mais personne n'y est entré. L'ordre avait été
donné de ne point commettre de vexations
dans les pays alliés ou neutres dans lesquels

la grande armée passerait et de les respecter.
J'allai à la ville, avec un officier et une ordonnance, pour y acheter quelque chose ; les portes étaient fermées et je ne pus entrer qu'après
avoir dit ce que je voulais. Nous avions l'air
d'effrayer tout ce qui se trouvait sur notre
passage. Pendant les dix minutes, à peu près,
que nous y sommes restés, nous avons eu
toujours une très grande foule de personnes
qui nous suivait partout et nous regardait avec
étonnement. Je trouvais cela assez embarras-
sant pour moi et il me tardait d'en être sorti.
Les carabiniers, qui toute la journée ont été
aux trousses de l'ennemi, l'ont joint le soir,
et, avec une perte considérable d'hommes pris,
tués ou blessés, on lui a fait éprouver celle de
trente pièces de canon et de quantité d'équipages, qu'il a été forcé d'abandonner dans la
déroute.

Le prince nous donna l'ordre de cantonner
à Meillerdoff, à une petite lieue de Nuremberg ; nous y avons trouvé 200 hussards prussiens ; nous nous y sommes également logés.

Le 29, nous avons eu séjour ; les hussards
prussiens sont partis et le 32ᵉ régiment d'infanterie de ligne est venu les remplacer.

Le 30, partis à 11 heures. Nous sommes dirigés, par ordre du prince, à Steinack (il n'y a que deux maisons, dont une occupée par des forgerons), près de la rivière de Swartz-bruck. Nous y avons attendu ses ordres et nous sommes dirigés sur Postebauer. Là, nous avons couché chez le bailli, qui nous a par-faitement traités. Pour la première fois depuis l'ouverture de la campagne, nous avons pu nous déshabiller et coucher dans un lit. La paille est le lit que nous avons tous les soirs; encore y trouvons-nous un repos extrême-ment agréable.

Antibes. — Imprimerie de J. Marchand.